Gaja Jezernik Ovca

(Pre)dam se …

(Pre)dam se …

ISBN: 978-1-304-75187-4

Zbirka je bila prvič izdana v letu 2013 v samozaložbi kot e-knjiga.

Na voljo tudi v trdi vezavi.

Neotipljiv

filter mraka,
prepojen
s sojem
luči.
Kot bom
jaz
prepojena
s
tabo,
prikrito,
čeprav znotraj
množice
ljudi.

Veter.

Okoli robov
plašča.
In znotraj
privihanega
ovratnika.
V zavetju
tebe.

Lovim
atmosfero
in
se
prepuščam,
četudi samo minutam
tvoje družbe,
besed
in
misli.
Brez obremenjenosti.
Ali pričakovanj.
V valovih
hvaležnosti
za
mimobežno
lepoto
nenaključnih
naključnosti
prostora in
časa,
v
katerega si me
pripeljal.

Zdramim se
ob budilki brnečih
idej,
ki jih zaščitniško inkubira
pregrinjalo.

Skozi kavne karnise
se vame vlivajo
realnosti,
ki se jih ne branim.

In prvi dotik
po dolgem dnevu
se stopnjuje
do noči.

Čakam na zvonec.

Da
se zliješ
nadme
v
objem,
da
me vodiš
k sebi,
nase
in mi s sledovi
nohtov
poveš,
kako
si
me
želiš.

Z vsakim odmikom
si bolj vpet
vame.

Pod pregrinjali
pretapljava napetost
praznih skrbi.

Občutek pozabe
v polnosti
spomina.

Inspiracija. Ne hipna,

ampak tista, ki s
pronicanjem
privzdigne navdih.

Ne počutim, ampak
čutim se lepo.

Golo,
a ne
razgaljeno.

Celovito.

Znamenja tebe,
posuta po notranjosti
mojih beder,
obarvana
s prežetostjo prejšnje noči.

Scenariji,
zasidrani v mislih
med negibnimi
popotovanji v dnevu,
prestavljeni v
zdaj,
otipljiv,
v toploti
tvoje prisotnosti.

Trenutek večnosti.

Pa naj bo še tako
obrabljeno.
Večnosti.
Razprostrtosti
preko
vsakršne omejenosti,
pa čeprav
zamejeno s stenami
mojega stanovanja.

Počasi se sestavljajo

necelovitosti,

vzpostavljajo zasilne

vezi

osmišljanja,

ki jih brišeš

in orisuješ,

puščaš,

da jih

nepripravljena odkrijem …

… ali one mene …

in se v svoji

komaj znatni gostoti

zapišejo

globlje

kot črnilo v moji koži.

Gre za tisti

občutek,
ki se
ovija
okoli gležnjev
in te ob
vsakem koraku
blago,
a nezanemarljivo
opozarja,
da je tam.
Prisoten.
Oklepajoč.

Naredim si ovoj glasbe,

skozi katerega

prehaja

le dim

kot edina vez

s hrupom,

ki ga ne slišim,

posamezniki,

ki jih ne vidim,

in dnevom,

ki ga ne sprejemam.

Ne želim,

da bi se spomini nate
porazgubili kot ogorki,
ki se kopičijo pod mano
in drobijo v vetru
popoldanske gneče.

Želim te kaditi.
Verižno.
Dokler se ne potopim
v rahli vrtoglavici
dobrega …
… brez vsakršnega pomisleka
ali misli
na končni,
dokončni
izid.

Nimava linearnosti.

Pa s tem ni nič narobe.
Tudi postajna tehnika
ima svoje čare.
Je kontinuiteta v
nekontinuiteti.
Razrahljana trdnost
varljive stalnosti.

Razmerje s tabo.

Amy Winehouse.
Talent in kvaliteta.
A nikoli
ne gre predvidevati
na kakšen dan
naletiš.
Strašljivo
ali briljantno,
da je še v katastrofi
kvaliteta.

Nejasnosti so

zaželene

ob preteči resničnosti.

A v prepletih

novih in novih

nejasnih

nejasnosti

niso več tako zelo

varne.

Dovolj

je bilo radikalnih premikov
padcev skozi nešteto nivojev
zasluživa si stanje ravnovesja

točko 0.

Č
A
K
A
N
J
E
.
S
T
V
A
R
N
O
.
E
K
S
P
L
I
C
I
T
N
O

N
E
I
Z
R
E
Č
E
N
O

Potopila bi se v

iluzije,
ki se vedno znova
rojevajo
v meglicah
umetnih luči,
skrita v naslonjalih
teme in
ne-varnosti,
kot tihi opazovalec
nečesa čistega
in v svoji
nedolžnosti
iskreno
lažnega.

Znotraj. Občutki. In besede. Ki jih ne-želim spregovoriti. Ti jih prikazati kot resnične.

Brez razloga. Z razlogom.

Zadosti

so

krivine,

zapisane

na obstranskih

kosih

papirja,

da ob

spontanem,

komaj znatnem

nasmešku

občutim

tvojo

prisotnost.

Ne vem

ali
sva kliše
ali nekaj
v kar nihče ne
verjame.
Ne vem.
Ker se ne smem
zanašati na
plebejsko okolico.
Nimam se zanašati …
Ne opirati …
… na emocije
ki mi jih daješ
čeprav mi jih
ne moreš dati?
… in na ljubezen
ki je prisotna
čeprav je ni?

Bardolino.

Ali kako
Resigniram znotraj sten ves
Dan ali več dni.
Okna. Vedno isti prizor.
Ljubezen. 10 minut stran
In
Nedosegljiva.
Opravljam le funkcijo vina.

Slab si

in slaba sem.
Veva.
A nimava časa povedati.
Delava. Ustvarjava?
Nakazujeva,
a ne
izrečeva.
Izgubiva se drug v
drugem.
Ko se lahko.
Sicer se izgubljava
v sebi.
Kjer ni napotkov
ali smeri,
le globina.

Ob vsaki tišini

te želim …
Zaobjeti?
Izčrpati?
Ohraniti tiste
nasmeške,
ki sem jih
premalokrat
videla,
ki si mi jih
namenil,
ki so bili le
moji.
Kradla … ali
podarjala sva si
geste,
prihranjene za
naju,
za neznanca,
zapletena v
poznanstvo,
minevajoče in
večno.

Snidenje
z nečim
presegajočim,
vpetim v
splet specifičnega,
neponovljivega,
a
plavajočega
nad
konkretnostjo
prvotnega
obstoja.

Počasi razpadam.

Vem, da veš.

Kako je.

In kaj je.

Pa četudi govoriva vzporedno.

Ni pomembno.

Ker čutiš.

In jaz čutim.

Še predobro.

V podrobnosti,

ki so zabrisane

s tropičji …

Ni prekrivnosti

in ni izbrisa.

So le nadaljevanja.

In tudi neprijetna

ali nezaželena

ne morejo razbarvati

vseh linij

in plasti,

ki so se polagale

in polegle.

Odmiki

so lažji

kot

pogovori.

A kar sledi

ni.

Napetost pričakovanja.

Ki si jo izumil
vpeljal
izvajal
podarjal
prenesel name.
Prenesel v večer,
ko nisva več sama,
vendar še vedno vpeta
v znano intimnost,
pa četudi le za
dolžino dotika
tvojih rok, ki me
zapeljejo v
najin
neločljivo prepleten
ambient.

Šumi okolice preteklih dni
so kot krožni kolobar obarvanega nestrinjanja
in nerazumevanja, vpetega v lastne frustracije
in v strah, za katerega si ne želijo priznati,
da je paralizirajoč.
Gradijo na svoji lažni stvarnosti skozi
gostoto masovne miselnosti in
na egoistično zadovoljivi fikcijski
solidarnosti za posameznika.

Včasih
se v
zamegljenosti
premikov
in preživljanj
znajdem zunaj.
Z vpogledom
na begajoč čas,
ki rotira znotraj
individualnih sfer
v različnih
prestavah,
ki so še vedno ujete
znotraj ene gibalnosti.
Preletavam
točke,
postavljene na svoja
mesta,
za katera
mnogi mislijo,
da so stalna.
In opazujem
edino stalnico,
za katero vsi trdijo,
da je
premična.

Čeprav po kosih
odpadajo
in prosto lebdijo
tla.
Čeprav se
kot meglice širijo
kriki pregorele
napeljave.
In čeprav obrazi
izginjajo
kot motnje signala,
je vsa
spremenljivost
še vedno ujeta v
kontekst.
Sferičen in fluiden.
Dinamičen znotraj
svojih rotacij.
Obvladljiv.

Vzporednica,
ki se je smem
dotikati
zaradi anomalij
vsakdana.
Zaradi napak v
sistemu monotonosti
ali ustaljenosti.
Kot izlet
v posameznost,
ki jo slutiš
skozi vsa obdobja
bivanja.
In katere obstoj je
nespremenljiv,
pridržan
na isti predpisani distanci,
ki se zaletava v
stene
nezavednega
in sprošča
rutinske opomnike,
da je tam.

Lahko trdim,

da te obnavljam
v svojih mislih,
a podajala bi
zgolj
        laž.
Ne gre za reminiscence,
za spominsko svetobolje
ali re-konstrukcije
form, ki so bile.
Ker presegaš
materialnost.
In
        transcendence
se v magnitudi čutnosti ne
        obnavlja.

Sanje so vedno postavljene

v opozicijo z resničnostjo.
In razmerje v svoji
nasprotnosti
ni prijetno.
Bali naj bi se nočnih mor …
Jaz se bojim resničnosti.

Nisem na
slabšem.
Regresija ne
obratuje
po teh konvencionalnih
vzorcih.
Gre zgolj za
brazde v času,
ki se valovito
prelivajo in
izmikajo sedanjosti.
Trenutku.
Opisljivosti.
Mirovanju.
Gre za kinetiko,
ki ima svoje
avtohtono okolje,
znotraj katerega
se vzdržuje,
ne meneč se
za motnje vesolja.

Slikanje tebe,

vztrajnosti občutij
preko vseh strani.
Vztrajnosti v pozitivnem,
ki lebdi nad vsemi
sociopatskimi vzgibi
in izgubljanjem znotraj
teme
spletk in na-pletk,
ki se zlivajo skozi
priprta okna
pomladi.

Čeprav se

spiralno

sučem

navzdol

ali halucinogeno

niham

v konstruktih

lepljenih sten,

se ne vračam

k

Penrosevim

stopnicam.

Sem poleg.

Zunaj.

Svobodna po

milimetrih

drobečih se

oklepajev

razpadlega.

Z uslužno odzivnostjo,

ki jo sprošča

podarjenost tvojega glasu.

Ne potrebujem tega.

Ne potrebujem tega odnosa.

Ne potrebujem nenehne zmede in nejasnosti.

Ne potrebujem nedefiniranosti.

Ne potrebujem odtujenosti.

Ne potrebujem omejene komunikacije.

Ne potrebujem neizrekanja emocij.

Prav imaš.

Ne potrebujem tega.

A ne moreš zame govoriti,

da si tega ne želim.

Lahko bi

se označilo kot
trmasto.
Lahko pa bi se razumelo
kot mojo
odločitev.
In ne,
ni ustvarjanje fikcije.
Je zgolj
dosledno preprečevanje
prelivanja črnila
preko
ločnic dejanj in
sedanjosti
v prostore
harmonije.

Vedno se bom

dala za

čas.

Ker ga potrebujem.

Čeprav v lastno škodo.

Premiki senc,

ki me zaznamujejo

kot številčnico

na sončni

uri.

Le da puščajo sledove.

Razparane reze

čakanja.

Prav zares

gre za tisto
praznino,
ki jo lahko
polniš
z banalnostmi
ali
avtonomnostmi,
a nobena
izmed
njih
se ne bo prilegala.
Odstopali bodo
robovi
in
popuščalo bo
lepilo,
ki se
trudi pridržati
silikonske fragmente
v celoti,
ki je ni.
Ki je ne bo.
Ker ne more
temeljiti
na lažnih
implantatih.

Do prave vsebine
s e p o č a s i
p
o
v
z
p
e
n
j
a
j
o
klini.

Malenkosti.

Ne spomini,
ampak približevanja
skozi
najdrobnejše povezanosti.
Ne relikvije,
ampak portali,
realistični,
brez antiutopičnih
primesi.

Solze kot

nekaj

obveznega.

Vendar ne

zaradi

slabih stvari.

Zaradi dobrih.

Ker želim,

da bi bile

večne.

Pa ne morejo biti.

Utopija.

Upam

da sva se sinoči v parku
miselnih konstruktov
pod lučmi pregreto delujočih
sinaps
srečala
skozi Strniševo transcendenco
skozi povezanost
ki ni racionalna
in za katero
upam
da ni usmerjena
zgolj v enosmerno doživljanje
ampak v so-bivanje
ki ga kreira
nezavedno.

Glasba nekje v ozadju

ker je ne slišim
ker jo presevajo vizije
ker je tvoja
ker sta eno
ker je edino, kar še imam
ker nosi vse atome esence
ker ne moreš odvzeti nečesa, kar je obstajalo zunaj tebe
ker diši po cigaretah
ker ustvarja atmosfero
ker je čas
ker je umetnost
ker traja
ker je odsev tebe
ker je odsev naju
ker je zgoščeno doživljanje
ker je ljubezen.

»Moj tek skozi življenje

je tek granate skozi temo.«

In tvoje je kavalirstvo.

Odpiraš vrata

in

zapiraš sebe.

Pridržiš mi plašč

in se sam odeneš

v ovoj oddaljenosti,

ki je prej visel tam pri vhodu,

kjer si ga pustil

za obdobje kratkega kosila,

kjer je vladalo iskreno vino

ali iskreni nasmeški

ali samo ti

brez oklepajev.

Ne znam se

poslavljati.
Nikoli se nisem znala.
Ker se mi zdi
kot umetna postojanka.
Edino pravo slovo je tisto,
pri katerem se ne utegneš posloviti.
Množica vsega ostalega
je le odmor.
Pavza za pivo.
Trenutki, ko zreš v nebo,
preden se ponovno
vpneš v življenje.
Ali v situacije.
V zemljevid
londonske podzemne
z natančnostjo Deutsche Bahn.
Rajši bom na postaji v Moosachu.
Kot sem že bila.
Kot mi je znano.
In kjer ni potrebno
igrati umetnih situacij
brez
scenskega konteksta.

(BK

»In luč sveti v temi,

a tema je ni sprejela.«

Želim si,

da bi se lahko še enkrat znašla v

prepletenosti s tabo

in somrakom pregrinjala.

Želim si,

da bi se lahko do zadnjega čuta

potopila v atmosfero tvojega telesa.

Kajti …

        … če bi lahko,

        bi le tebi lahko

        dala

        svojo

levo

        roko.

www.ingramcontent.com/pod-product-compliance
Ingram Content Group UK Ltd.
Pitfield, Milton Keynes, MK11 3LW, UK
UKHW020231250726
13967UKWH00001B/312

9 781304 751874